Marius Hoffmann

Marius Hoffmann

Sonnenuntergang
auf blondem Hügel

Gedichte

1999, zweite Auflage 2015
Alle Rechte liegen beim Autor
Umschlag: Paul Cézanne (1839-1906) - La Montagne Sainte-Victoire,
von Les Lauves aus gesehen (1902/06), Aquarell (Ausschnitt)
Herstellung und Verlag: BoD - Books on Demand, Norderstedt
Printed in Germany
ISBN 978-3-89811-044-0

Sonnenuntergang auf blondem Hügel

„Wenn es einem wirklich gelingen soll, einen Menschen
zu einer bestimmten Stelle zu führen, muss man
zuallererst darauf achten, ihn dort zu finden,
wo *er* ist, und dort beginnen."

(S. Kierkegaard)

Für M.

Im Jungwild

NICHT ENDLICH

Träume

In Worten

Sie reichen weit

Und nehmen
Den Orten

Die Endlichkeit

WURZELN

Es gibt ein Gesetz
Dass sich alles verliert

Wenn Fruchtstand
Leersteht

Wurzeln
Erinnern

Sie kleiden
Den Frühling

Wenn er
Sie findet

AUGENBLICK

Bäume weiden

Felder
Liegen einfach da
Und atmen Sonne

Singspiel im Blau

Und Schmetterling
Küsst alle Farben
Unbedacht

SPÄTER SOMMER

Spür das Glück
Solang es da ist

So es nah ist
Weiß es sich vorbei

Und frei erröten nackt die Blätter
Im Verlust des Sommers Unschuld

WEIDENSCHWÄRMER

Als Sommerflieder
Noch Schmetterlinge hatte

Entfalteten morgens
Augen Farben
Die nur das Licht sah

Es tat ihnen
Gleich

Es wanderte
Weiter

A N S I C H T

Die Rose
Duftet lächelt blüht

Der Herbst
Nie hat er sie gefunden

Jemand
Hält den Spiegel hin

Schon welkt
Gedornt das Bild die Stunden

HÜGEL

Sonnenuntergang
Auf blondem Hügel
Und in ihm die Nacht

So blau und warm
Und ohne alle Zweifel
An dem Heimatlichen

Blind und doch
So sicher
Augen überall

Und Sterne
Und nur Sterne
Und nur sie

Und nichts ist jetzt
Und jetzt nicht anders
Wirklich in dem Traum

Den nur träumt
Wer ihn für
Wahr hält

ABEND

Ich geh hinaus aufs Feld
Und seh die Berge schweigen

Rot
Und abendlich im Wein
Tanzt Gras

Es ist das Feuer
Das die Macht hat
Über alle Stimmen
Laut zu sein
Und Purpur zu werfen

Ich öffne die Hände
Das Bild eines Baumes
Und Nester
Sie tropfen von Samen

Fieber
Im Blut

Und überall
Von wo sie kamen
Zeigen die Träume
Das flackernde Zwielicht
Als heimlichen Herrscher

Jeder
Der nicht weiß
Dass er tot ist
Schreit

Und
Stirbt hier

ABEND

Palmen

Und Rosen die

So gar nicht dazugehören

Am Strand liegt Glut

Ganz ohne Wellen

Und Salz

Und Wind legt sich darüber

Von vergessenem Blau

Weißsegelnder Schiffe

Es sind die Schatten der Blätter

Sie wiegen dich

Und bewegen das Stumme zum Echo

Weich und lebendig

Und ohne Gewicht

Was nicht mehr schwer

War am Abend in

Flutenden Armen

NACHTGESICHT

Sonnenuntergang

Die Wolken
Finden sich

Und dich
Ein Traum

Woanders
Als am Tage

Innerstes
Wird

Das Nachtgesicht
Malen

DIMENSION

Der Tag reist in die Nacht
Und ist so froh sich zu verwandeln

Gott versprach
Dort wach zu sein

Und endlich handeln beider Träume
In dem Eindenselben

Wo die Räume vieren
Dimension

Und die Bastion
Hält uneinnehmbar

NACHT

Schatten steigen
Von den Bäumen

Und fallen im
Spitzen Winkel bis
Über den Horizont
Der nicht schwieg
Und doch still war
So nah in der Nacht

Sie lauschen und träumen
Von Wurzeln und
Liedern der Auvergne im
Weißenden Licht

Und doch sie fallen

Und fallen weiter
In ein sanftes ja hier
Doch sanftes Allüberall
Der nächtigen Himmel
Die letztlich was
Still wird so
Schwerelos tragen

NACHT

Wenn du schreibst
Was du liebst

Was noch nie
Fremd war

Dann ist es
Die Nacht

Sie lässt dich
Schweigen

Und lässt die Macht
Den Sternen

NACHT

Wenn du begehrst
Was du liebst

Wird die Nacht
Zum Freund

Sie nimmt
Den Wunsch

Und kleidet ihn
Dunkel

NACHT

Blüten treiben
Auf dem Wasser

Dorthin
Wo es sicher ist
Und nah den tiefen Buchten

Nacht kennt ihre Farben
Anders als am Tage

Und die Kelche
Geh'n dem Mondschein
Aus dem Weg

Sie werfen ab
Bevor die Wellen glänzen

VORHUT

Es ist nicht die Nacht
Es ist die Vorhut

Sie bringt Zwielicht
Und macht die Winde lüstern

Dunkel schweigen Schwäne
Dann farbeins der See

Und ungeschieden
Armen Gleiche

WITTERUNG

Keiner schlafe
Zur Zeit der Wölfe

Es ist die Gefahr
Die wittert

Alles was
Zögerlich scheint

Und unentschlossen
In der Nacht

Ein Glück der Bäume
Sie schlafen

Nie
So

WANDERN

Die Nacht schlägt
Ihre Farben ein

Ins Unerkannt
Vom andern Wandern

Niemand
Folgt ihm

Sucht der Wal
Die Tiefe

SONNENAUFGANG

Das Eis
Es spürt die Wärme

Sehnt vielleicht
Sie gar herbei

Es weiß
Wie dem auch sei

Dass es sich selbst
Dann aufgibt

MITLEID

Ob es dem Eis
Wohl weh tut

Junges
Zeitigt Wandel
Und es
Dauert an

Welches Recht
Lässt Existenz
So ohne Mitleid
Ineinandergreifen

Bäche
Wassern

A N K E R

Blau übersäen die Augen
Die helle Gestalt

So anders
Liegt sie da

So ganz
Verschieden

Ungemieden

Blicke schlingen
Luftgemalt

Und es ankern zwei Sterne
Das nachtende Fähren

WEINSTOCK

Weinstock greift
In warme Erde

Mädchen hebt
Die Trauben an

Und weiß nicht
Dass es in den Händen

Hält sich wie
Im Spiegel

Reben
Sie tragen

Hier
Beide

WISSBAR

Im Spiegel haben Augen
Ein ganz anderes Blau

Es ist als ob sie
Zeit betrachten

Spurende Vergangenheit

Und weit und breit
Nun wissbare Farbe

FENSTER

Ein Blick fällt
Durch das Glas

Ein Fenster
Hin zu blauen Augen

Schweigend anders sonderbar
Und nass

Und sah dass es
Ein Spiegel war

ZEUGNIS

Es gibt
Eine Schönheit
Die bleibt

Und eine
Die geht
Verloren

Den tiefen Augen
Hat eine davon
Das tiefe Blau

Als Zeugnis
Geboren

WASSERNDE ARME

Augen grunden tief
Und alles was im Blicke rief
Ist so erkannt dem eig'nen Wesen

Hieroglyph sie ward gelesen
Selbstverstand in Traulichkeit

Und im Geflecht vom Ich zu zweit
Da flicht sich Zeit dich wassernde Arme

SEEJUNGFRAU

Sie wird
Zu Schaum

Und Bläschen
Teilen sich
Die Seele
Achtsam dort

Wo Gleiches
Wohnt ganz blau

Im Wasser

NACHT

Augen die
So blau sind

Farben laufen über
Und im großen Sommer
Gibt es Raum in Raum
Nur Lächeln einer Hand
In der andern

Fließend scheint
Als könnten Wasser
Sich lieben bis
Weit über den Herbst
Und den See der so
Tief ist und sicher
Und still und so leicht
Dort zu bleiben

Sie muss stark sein
Und groß und voller Blicke
Die halten und wollen
Und so gerne müssen
Und kaum was
Wissen davon

Am Himmel ziehn
Vögel nach Süden
Ganz ohne Wolken

Zwei tasten

Sie bleibt bei ihm
In der blauen
Nacht

NACHT

Ein See
Der dir erlaubt
In ihm zu ertrinken

Von Bergen fließen Wasser
Weit über die Ufer
Mit dir hinein in ein
So blaues Umarmen
Das hält und lässt
Und hält dich fest
In der Nacht
Die nie so Tag war
So sehr er auch brannte

Nah im Blick
Und nichts was sich wandte
Und nichts im See
Das dich nicht kannte
Ganz ohne alles
Wie Augen es brauchen

Atmen mit Kiemen
Und beide tauchen

NACHT

Hände greifen

Und falten ihr Gehaltenwerden
Sich wie ein Dach aus Tränen die
Warm sind und wieder so lächelnd
Fische erschwimmen lassen im
Hoch der Azoren

Es ist ihre Heimat und doch auch
Gefühl sich selber zu brauchen
Weil die andere es tut so anders
Und fern der im Spiegel

Ein Schwarm tanzt und
Atmet einander verschränkte
Manier in das Strömen weit
In die Zeit

Wie jetzt im Wasser zu zweit
Das Hand in Hand versprochene
Blondere Blau

Die Nacht sie
Wird Frau

Und nichts ist zu früh
Was hier endet

Für D. und M.

HÄNDE

Im Traum tasten
Einander zwei Hände

So klein die fremderen Finger
Und nicht bewusst wie
Fest sie schon halten

Im abgelegenen Raum greifen
Sie nackt mehr und mehr
Hinein in Einunddasselbe
Das doch nie gleich und doch
Da ist in beider Gefühl
Der so lang gefehlten
Hälfte

Die Kleine hält fest und
Zieht dich hoch bis in
Die Wirklichkeit so hoffst du
Wenn sie will und weiß
Und traut sich den Sprung
Ins blondere Wasser wo
Zwei gemeinsam
Schwimmen

Winde warten
Und Schwäne
Im See

Und um sie herum
Verbunden ganz anders ihr
Ufer unendlicher Landung

NACHT

Hand an den Tropfen
Die so weit
Aus dem Ängstlichen weg
So nahe den Tränen sind

Sie rinnen entlang
Den Haaren bis durch
Die Haut
Und schaffen
Dass die Sterne sich spiegeln

Träume nass
Und ein Blick von Marissa
Im Halten und Tragen
Und Sein in der Nacht

Und Zwei im Wasser
Wo niemand sie stört
Erinnern einander
Und netzen Gefehltes
Den blauenden Augen

ZWEI IN BLAU

Ein Blick über die Schulter
Und so weich dort
Die Haut

Und wie sind sie
So weich
Im kalten Wasser

Der Atem hebt beide
Über das Pochen hinweg
In ein blaues Umarmen
Für den der Glück hat

Aus der Entfernung
Da bleiben sie nackt
Zwei Tränen

Zwei Tränen in Blau
Die unerreichbar fehlen

Wenn der Blick
Auch nur kurz
So lang ist

Es merkt

Sich einholt

Und versteckt
Das ihnen so nahe Wasser
So sehr beneidet

NACHT

Zur Zeit der späten Sonne
Schatten zwei Hügel
Tief ins Gesicht

Deine sind es
Die fallen

Nah tragen Arme
Zu Ufern als Teil
Der Bewegung

Darüber die Augen
Sie blicken ein wenig

Und leicht lassen
Schluchten der Milch
Die Fesseln los

Im langsamen Duft
Triumphierender Nacht

NACHT

In der Nacht
Wenn du in den Träumen
Unschuldig bist

Steht Wasser
In der weichen Höhle

Tränen laufen
Fast ohne Ende hinein

Und wissen nicht mehr
Dass sie auch weh tun können
Außerhalb wenn sie
Allein und ohne Grund sind

Überall wird beider Blick
Zu Gliedern wohin er nicht sieht
Und tastet dort
Das blondere Gras

Knospen taumeln
Dann blühen sie auf

In der Nacht der so
Gezähmten Wölfe

SPIEL

Am Rand der
Nicht gelassenen Ufer

Spuren im Sand ihrer
Weichen Haut sind
Dort nur wie Spiel
Sollte man meinen

Gedanken sie warten
Und Wellen tragen heran
Bis fast ans Geläuf
Das so nicht mehr flüchtet

Oft lächeln die Wale
Im strandenden Wasser

VERHÄNGNIS

Einmal stand ich einfach da
Und sah von fern die Perspektive

Anna hält wie eingefangen
Junges Lachen an der Hand

Und unterstellt wenn ich sie riefe
Hätt' sie mich kaum mehr erkannt

SICHT

Wenn jede Bewegung
Bekleidet und nicht einmal
Die Lippen mehr
Nackt sind

Ein Leuchtturm mit Blende
Steht vorwärts fast stumm
Man könnte ihn kennen
Und dann von ihm absehen

Beide hören
Die Augen der Möwen
Wie sprechendes Echo
Von irgendwo her

Und Wind trägt hinauf
Solange sie da sind
Mit leiseren Flügeln
Den lauten zu folgen

SPLITTER

Wenn ein Herz
Nicht aufgefangen wird

Nässt es
Wie Glas

Es weint sich
Zu Splittern

Es ist
Nie mehr das

Was es
Einst anders

Wert
War

GEFÄHRLICH

Wenn das Verlieben
Bisher stets weh tat

Ist das
Nicht schlimm

Du bist nur
Gefährlich

Du weißt
Du kannst

Überleben

IM GARTEN

Kinder spielen im Garten

Wissen nichts von
Engeln im Kopf und
Tieren im Herzen

Die Kleinen sie lachen

Dabei sind die Helden
So müde und alt wie
Das Warten auf Flieder
Der kommt und nie mehr
Da war

Schüchtern
Trauen zwei Blumen
Sich Farbe nicht zu

Sie schauen nur

Ihr Abend wird
Blond sein wollen
Wenn die Kinder laut

Und dann fort sind

BRÜCKEN AM FLUSS

In den alten Nächten

Die so jung sind
Wie immer sie waren

Sag mir
Was du denkst

Du lenkst damit die Zeit
Und lässt dich

Aus meinem Herzen
Wie Brücken am Fluss

Sie sehen nur nach
Und wollen

Nicht haben

VÖGEL IM SCHILF

Eine Hand
Fährt durchs Haar

Menschen
Im Tunnel

Denen
So war

Sie schauen
Anders

Die Vögel
Im Schilf

Sich lieben

REIHER

Der See läuft über

Ringsherum
Da geben Schilfrohrblüten
Den Gefühlen ihren Namen
Wenn die Nähe keimt
Und Vögel nicht mehr
Selbst sich suchen

Vorwärts greifen Tropfen
Warm hinein in vollere Nester
Bis Geschlüpftes Schalen wirft
In weißendem Rot

Es ist die Farbe der Brille
Die engt und flutet
Wassernde Triebe
Bis über den Rand

Nichts braucht es mehr
Wenn so gepaarte Reiher
Längst alles haben

WALD

Im Wald sind Licht und
Schatten gleich dem Fell vom
Jungen Reh das springt und
Hörnern trauen kann ohne
Im Echo zu bluten

Es ist der Preis der Jagd
So sehr man sie will
Gefährdet zu sein wenn
Du nicht fühlst dass hier
Die Jäger nicht töten

Im Wasser verwunschener
Bäche singen Tropfen
Ihr warnendes Lied

Und wieder und wieder finden
Rehlein am Abend nach Haus
Ins fast frohe Umarmen dort
Wo der Wald tief ist und
Scheu und glutrot verwandt

Und in der Hand das Gras
So nah und warm und
Feucht aus der Erde

GEFEHLT

Gefühl
Gefehlter Hälfte

Gegend die dich
Erstmals traf

Weiß sich
Behalten

In
Beiden

FREIES LAND

Pass auf
Gedanken zu nahe zu kommen
Die dir nicht gehören

Du könntest sie stören
Dir würde genommen
Distanz

Und damit ganz heimlich
Der Schutz einer Mauer

SCHWELENDE FEUER

Was ist nur
An den Worten

Die du
Nie gebrauchst

Und dir doch überall
Präsent sind

Zeit der
Schwelenden Feuer

Ein Kind
Spricht anders

R E I C H

Wenn er dann
Nicht gestohlen wäre

Würde ich dir
Den Mond schenken

Gedanken
Sind reich

Sie lassen ihn
Am Himmel

SCHATTENSPIEGEL

Schatten in denen
Gott wohnt

Auf ihren Füßen
Stehen Kinder

Sie spielen Figuren
Mit blondem
Blau in den Händen

Sie schauen und
Hören sich sehen

Spiegel sind
Taub keine mehr

RÄTSEL

Am schnellsten
Vergeht die Zeit

Wenn sie
Stillsteht

Es ist wie
Das Rätsel des Schweigens

Ohne Worte wird
Die Welt gesagt

Und keiner fragt
Da nirgends anders

MÄRCHENSCHLOSS

Märchenschloss
Des ewigen Schweigens

Wort
Wird Feind

Und Freund
Was Wert war

Ort
Bejahender Gebärde

PHOSPHOR

In den Menschen
Schlüpfen

Und nicht mehr
Das Ich sein

Hier sind Worte
Anders

Und das
Schweigen

Findet aus
Der Perfektion

In eine Welt
Der Bildbarkeit

Wo Phosphor
Leuchtet

BEGEGNUNG

Weg aus
Einbahnstraßen

Dir begegnet nur
Was auf dich wartet

P A A R

Zwei Menschen
Zwei Menschen

Zwei Seelen
Ein Stern

FLÜGEL

Wer einmal
Für fünf Minuten
Ein Engel war

Der weiß
Mit Flügeln
Zu leben

Auch wenn
Er sie

Fast nie
Gebraucht

A U S S I C H T

Den
Himmel

Ich kann ihn
Dir zeigen

Nur siehst
Du dann

Wie weit er
Entfernt ist

TIEFLAND

Wer das Edelweiß verehrt
Darf nicht im Tiefland
Danach suchen

ZUGLEICH

Wenn Superlativ
Maß der Intensität

Bestes
Maß des Besond'ren bedeutet

Fehlt der Versuch
Den Mond noch zu lieben

Ohne die Sonne
Nicht doch zu verraten

DAZWISCHEN

Zwischen den Zeilen
Spricht was du liebst
In einer Sprache
Außerhalb

Worte sind
Erträglich

Du kennst
Sie

Und kannst
Sie

Mißversteh'n

D Ü N E N

Kunst
Will Gestalt

Kritik
Bedroht sie

Seele braucht
Dich wehrhaft

Im Wandel
Der Dünen

EINDRUCK

Ich hab' nicht den Eindruck
Dass du mit dem Leben bezahlst

Zeig deinen Bildern
Die du dir malst

Den Ort
Der letzten Kümmernisse

Hier fällt ab
Was schwer war

Und ganz und gar
Nicht wirklich

P U P P E

Hölzerne Puppe
Am seidenen Faden

Der Gedanke
Sie zu umarmen
Bleibt nur gedacht so

Zeigt er nicht ihr
Auch zu leben

AM KAI

Sekunden nach der
Sonnenfinsternis

Die Zeit
Wie Glück am Kai

Matrosen überleben
Nur durch Sehnsucht

Für J.

UNTERSCHIED

Es tut so weh
Die Sonne
Zu umarmen

Wenn die
In den Händen
Kalt ist

NACHT

Was wissen Kinder
Von den Sternen

Erinnerungen
Die sie nicht haben
Werden Licht aus Distanz
Zu Bildern weit in der Nacht
Bis weit in das Träumen dass
Immer noch Fahrt sei

Dich zieht der Wagen

Und wieder und
Wieder dunkler vorbei
Zieht der Mond seine Bahn
Auf schmalerer Sichel

NACHT

Nacht in der sogar
Das Licht sich verirrt

Nur Blinde
Werden hier leben

ZUGVOGEL

Ställe halten
Leichtsinn

Wo Augen nach
Flügeln sehen

Im Weiß
Der Hausgans

Mit der Seele
Einer wilden

VERLIES

Warum macht es sich
Das Leben nur so schwer

Es kennt den Raum
Und hält sich sehr
Doch nah am Boden

Vögel nutzen
Die Höhe der Stäbe

VOGELSCHEUCHE

Lass die Arme
Einfach sinken

Vögel kommen dann
Vielleicht aufs Feld

Die nicht versteh'n
Dein Winken zu deuten

BITTER

Gekeimte Sprossen
Schmecken anders

Wussten sie sich
Unbemerkt

Im Tarnkleid
Der Felder

A U F W I N D

Ein letztes Feld

In ihm die Anemonen
Flirrend vor Farbe

Winde verweilen
Und steigen auf

Das Feld holt Atem
Du lässt ihn

Gern dort

SPÄTSOMMER

Wenn im Spätsommer
Die Olivenbäume nicht spüren
Wie alt sie sind und der Glanz
Der Blätter dann nicht mehr
So blendet hören Vögel
Den blaugrauen Wind
Und kaum wer putzt
Sein Gefieder

Wortloses Echo
Das noch nicht erwacht
Sich fast wieder schlafen legt
So geworden und lange es kann
Lässt Früchte an Zweigen
Ewig scheinen und
Unbedrängt vom kühleren
Schlag der Tage

Jetzt im Moment
Im späten Moment der kurzen Gebärde
Die nicht verneint und noch nicht
Fühlt was Abschied heißt
Haben Blicke nach Süden
Kein Glückversprechen dort
Wo stumm die Nester
Liegen

ZWEIGE

Seltsam dass Zweige
Im Fieber so scheinen als
Führte jeder ein eigenes Leben

Blicke die nirgends
Die Winde mehr finden
Und verschaut den Echos
Beginnen zu trauen

Sie sind nah den Sirenen
Die falls du sie hörst
Dich wahr belügen
Du kannst es weit bringen
Verliebst du dich nicht

Es ist ihr Spiel so
Antwort zu geben die
Nie eine sein kann

Drum schweigen die Zweige
Und zeigen ihr Winken
Jeder auf lautlose Art

Sie sinken zum Stamm
Und nackt wachsen Blätter
Die Rinde entlang ins
Grün ohne Schatten

STUMM

Im Spiegel
Seh ich zwei Bäume
Durchs Fenster

Sie sprechen im Wind
Und wie doppelt entfernt
Rauscht das Grün
Besonders eng an die Wipfel

So seltsam
Zur Zeit der späten Sonne
Wenn du merkst dass
Die Zweige von hier aus
Stumm und längst nicht mehr
Wirklich sind

Elstern lachen
Dann fliegen sie auf

TANZ

Was ist das nur mit den Tagen
Die Blätter welken und bald
Gedanken daran schon
Frösteln lassen

Im Tanz tritt sich ihr
Laub tief auf die Füße
Und fällt in Farben über den
Reif ins noch sichtbare
Erinnern an glutrote
Kirschen

Es duftet anders
Wieder und gerne und
Doch nicht der Süße nach
Wenn Kerne nichts weiter tun
Als jetzt lange zu warten

SPAZIERGANG

Ein Spaziergang
Durch die Natur

Schattenlang
Die träumende Spur
Sich Lilien auf
Gewelktes zu malen

Hoch hinauf
Zum schneeweißen Kahlen
Wo die Blüten
Nun nicht mehr schrei'n

Stilles Hüten
Im Eisgestein
Doch so allein
Die rosenen Herzen

FUND

Sag mir warum
Die Rosen blüh'n

Sie sind wie
Ein Glüh'n

Ein Glüh'n
Auf farbleerem Grund

Sie schweigen empor
Sie lassen sich

Ein Fund der dich
Schauert

Und kaum wer
Bedauert

ROSENGARTEN

Ein Engel
Im Rosengarten

An jedem Dorn
Hängt eine Feder

Immer wieder
Streift er am Schaft

Er macht
Was keiner tut

Zur Nacht
Da wird das Blut

Zur
Blätterfarbe

Und die Daunen
Blütenrot

H O L Z

Sträucher
Ohne Honig

Wo Zweige sich lassen
Und schwarzes Krachen
Das Letzte ihrer Art war

Holz erinnert
So wer anders

Hört nicht mehr
Und will auch
Dafür Sorge tragen

Vögel schweigen
Im Walde

SCHWARZE FEIGEN

Es liegt eine seltsame Süße
Über dem Land

Es ist die Süße
Der schwarzen Feigen

Wenn sie sich zeigen
Schweigen die Vögel

Sie kennen den Ort
Und ihre Gefahr

Sie wissen
Was war

Sie fliegen
Fort

MILAN

Milan zieht
Ins leichte
Blau

Schwingen
Falten sich
In Wellen
An den Körper

Fliegen hoch
Und schließen
Augen
Ohne Hände

Nest bleibt leer
Und diesmal
Ganz anders

FALKENLICHT

Es ist die Sonne

Die im Wasser

Nicht weiter weiß

Unendliches Blau

Es läßt die Träume

Ganz ohne Balken

An Land

Da gibt es die Falken

Sie haben dort Licht

Und Wände müssen sein

Wo das Allein

Im Raum sich gefährdet

TRENNUNG

Wo bleiben die Tiere
An ihrem letzten langen Tag

Es ist wie
Ein Abschied

Ein Abschied
Den kaum wer bemerkt

Die Natur
Trennt sauber

Und niemand
Fehlt ihr

Wirklich

NIEMANDSLAND

Zwei Träume
Im Niemandsland

Wissen
Dass sie

Wenn sie sich
Begegnen

Werden
Können

Ohne Anspruch
Zu verletzen

Ein Fluss
Tränkt das Reh

Dort

VERHÜLLUNG

Ein Tor
Schlägt zu

Es ist sein Laut
Geschickter Verhüllung

Der dem Horizont
Ganz ohne Maß

Die Weite
Nimmt

Und damit das
Was nicht

Gestört
War

ZERFÜRCHTETE ZEIT

Es gibt eine Furcht
Ganz ohne Wovor

Sie ist wie ein Tor
Ein Tor ohne Ausgang

Am Anfang steht
Die Wahrnehmbarkeit

Am Ende nur
Zerfürchtete Zeit

UNABSEHBAR

Warum liegen
Himmel und Hölle
Nur so nah

Sie steh'n
Im Glanz zweier Augen

Beide sind sie
Immer da

Und wie du
Sie siehst
Entscheidet

Das unabsehbare
Verweilen

ENDLICH

Es ist gefährlich
Dem Engel
Zu nahe zu kommen

Im Halbfeld
Wird die Distanz
Genommen

Und so die Option
Sich nochmals
Zu wenden

ORT

Alles
Dreht sich
Darum

Einen Ort
Zu finden

Wo du
Überleben
Kannst

Wenn Engel
Schweigen

UNVERSCHLOSSEN

Ein Kästchen
Im staubigen Winkel

Kaum wer weiß
Dass es kein Schloss hat

Wie lang geht es
Dass noch danach gesucht wird

PENDANT

Ich fand
Eine Münze

Halb und
Fast ohne Glanz

Und fand dass sie
Doch ganz war

JAHR

Manchmal ist mir

Als habe
Das Jahr

Keinen Sommer

Blüten
Welken

Mit ihnen
Das Laub

Es bleibt ein Raub

Wenn Jugend
Und Alter sich

Die Hände so reichen

WELLENREITEN

Ich fange an
Erinnerungen zu lieben

Mehr als die
Die noch gar keine sind

Zerströmende Kreise

Schlagen Wellen
Nicht auf

Ist es gefährlich
Sie lange zu reiten

ANTWORT

Als ich ein kleiner Junge war
Gab es einen Baum

Seine Blätter sahen aus
Wie Tränen

Und ich fragte mich
Wie schwer es ihm wohl fallen müsse

So im Sonnenlicht zu steh'n
Und unverändert schön zu sein

Schon damals war mir klar
Dass ich die Antwort wusste

R E N N E N

„Achthundert Meter.

Schwarz mit zwei Runden Vorsprung.

Ich setze zuerst."

Asrael dreht sich um.

„Es geht nicht um Zeit.

Es geht um Stil, und um Raum.

Und das Ziel ist der Anfang."

Lange schaut er ihn an.

Er schweigt.

Dann setzt er.

Von fern tönt der Starter.

SPIEL

Wenn das was sich richtig macht
Nicht wirklich Wesentliches war

Hat Letztes ungleich
Falsch gespielt

Dir mit falschen Karten
Du mit falschem Trumpf

FEIGENBLATT

Preis der
Unverwundbarkeit

Die Zeit des
Abgetrennten Fernen

Auch dazwischen
Außerhalb

Und Ich in sich
Ganz auf Distanz

Ein rückgewandtes
Feigenblatt

SCHLAG

Ein trügerisches Blau
Das für sich nicht reicht
Hebt an und spült ihn
Durch die Wände

Was ist nur mit dem Schlag
Der sich der Wellen bedient
Und auf ihnen reitet

Er flieht die Adern
Braucht frei nicht mehr zu sein
Und lässt in der Luft wie Echo
Den Kreislauf selbst sich
Heimwärts tragen

SCHLAG

So
Anders

Dass Bäume
Nicht wissen

Dass Wurzeln
Sie halten

Im
Geäst

Schwarze
Gestalten

Ganz
Ohne Herz

Es heißt
Nicht mehr

Wenn es
Kaum da war

WINDUNG

Vielleicht schlägt das Herz nur
Solang du das Wesentliche nicht
Erreicht hast

Es ist wie
Ein Kreisen

Es endet im Zentrum
Der leisen Töne

Still
Und jede Regung
Längst lässlich

KÖNIGIN DER NACHT

Die Blüte
Der Königin der Nacht

Versteht
Die Welt nicht

Sie wird
Nicht überleben

Muss sie

DILETTANT

Wer ist
Der uns stets begleitet

Er hört auf
Sobald er zeitet

Menschen lachten
Dilettant

Seltsam dass nun
Seine Hand
Sogar ein Freund war

SCHWEFELHÖLZCHEN

Der
Dunkle Freund

Er hebt
Den Mantel

Und weiß
Dass er
Warm ist

Für den
Der keinen
Mehr hat

Wenn schwarz
Im Schnee

Die Schwefelhölzchen
Liegen

WEITE FELDER

Opfer zerbrochener Träume

Selbst das ist wert
Dass man es schreibt

Mohnenduft
Treibt auf die Asche
Weiter Felder

Urnenwälder

Und die Scherben
Sie richten sich auf

VERLETZT

Der Mond
Beschleiert
Gräser

Von Halm zu Halm
Spannt sich
Ein Faden

Er würde
Verwelken und
Wegweh'n

Gäbe er zu
Dass er
Verletzt ist

BLAU

Das Geräusch der Steine
Blauer Korund

Stoßen einander
Klingen und

Ton für Ton
Ein wundes Singen

Bis Vagabund
Wird wieder Seele

Teilsamer Mund
Entschwiegene Kehle

PRIVILEG

Es kommt vor
Dass Bücher verdursten

Worte
Trocknen aus

Und blaue Wasser
Waren schon lang
Nicht mehr der Grund

Sie noch einmal
In Augen gespiegelt
Zu sehen

Es bleibt
Das Privileg der Wüste

Zumindest nicht
Gelogen zu haben

ANDERS

Was ist nur
Mit der Sprache

Das Gefühl in Eis
Und Weiß ein Wort
Im Untergrund

So vieles lässt sich
Spricht sich anders

Und die Hand verdeckt
Was auf Papier
Beredt entstummt war

SUBTIL

Es ist
Schon seltsam

Mit mondenen
Worten

Die Macht wirkt
Subtil

Sie will dich
Nicht blenden

GOTTES VERGESSENE KINDER

Es wird so
Still in der Welt

Und selbst
Das Schweigen hält
Den Atem an

Als nichts daran
Sich weidwärts bewegte

Nackt
Da legte Verstummen
Dich schlafen

Und im Hafen
Dort weint nur der Finder

Vom Schrei
Von Gott
Vergessener Kinder

DAS STILL DER
GEHÖRLOSEN

Worte klingen anders

Wenn sie gemalt
Im großen Schweigen
Händen das Ziel
Der Augen werden

Stumme Welt
Der stummen Gebärden
Sonderbar
Wie Seelen sie rötet

Vielleicht muss
Das Sprechen erst enden
Bis wir seh'n
Wie oft man sie tötet

STUMM

Sie gebraucht
Die Hände wie Waffen

Ihr Mittel
Der Sprache

Sie schaffen
Distanz

Sie treffen
Dich leise

GEBÄRDENSPRACHE

Die Sprache kämpft
Ohne Visier

Sie spricht
Zu den Augen

Und das ist
Was wir

So gar nicht
Versteh'n

SINNLOS

Die Augen schließt er
Vom Licht aus

Die Ohren
Von Menschen

So wähle
Denn gut

ANDERSWO

Wenn wir
Jemanden lieben

Treten wir ihm
Ungeschützt entgegen

Liegt der Wert
Anderswo

MASKEN

Die Liebe ist
Betrug an der Hässlichkeit

Welt
Der Masken

Zynisch
Die Zeit

HERR DER GEZEITEN

Die Zeit ist um
Sprach die Sonne

Und hellt den Schatten
In den Tod

Den in dem Brand der Seelennot
Als einz'ge Rettung du verkanntest

HERR DER GEZEITEN

Du hast gründlich gelernt
Deinen Schmerz zu verbergen

Stille erduldet
Die mächtigen Schergen
Auf die Art die letztlich
Fast irr war

Und als beider Hände
Im Wirrwarr sich fanden
Entwand dich den Banden
Ertrunkenes Leid

Im berstenden Stausee
Entwüsteter Zeit

HERR DER GEZEITEN

Jeder Blick der auf dir weilte
Strich wie Lächeln durch dein Haar
Und als ihr Herz dir fühlbar war
Dann hört es sich das Eine sagen
Und fängt an dich heimzutragen

HERR DER GEZEITEN

Und zärtlich verführten sich Haar für Haar
Beider Gedanken zur glücklichsten Stund
Die als es geschah den flüsternden Mund
Mit Küssen bedeckte und das wieder weckte
Was fast schon vergaß dein Atmen zu halten

HERR DER GEZEITEN

Und als sich im Kuss vermengte
Was so warm in dir verblieb
Ja dann ward der Blütentrieb
Wie Hoffnung in das Fleisch gestoßen
Und ins Herz der Duft der Rosen

FINDLING

Es ist schon seltsam wo so manches
Wurzeln schlägt wenn Wasser war

Glücksgefahr im Augenpaar
Die Trauben blau an jungen Reben

Nichtverführtes Sichergeben
Und berührt erspürtes Leben

PASSIONSFRUCHT

Liegt Erwachtes
In der Sehnsucht

Zugebracht es
Wiegt Passionsfrucht
Alles auf was
Leben engte

Tränenlauf
Der Reben drängte
In das Rot zur
Rechten Zeit

Welch ein Tod
Der Nächtlichkeit
Im Himmelweit
Bekundeter Furten

S T R U D E L

Fluss im Feld

Nicht Weizen
Und nicht Ufer

Und Bewegung
Die nur weit nur ahnt

Im Wasser
Eine Mohnenblüte

Drift
Fällt ein

Gedächtnis haftet

NEREIDEN

Und auf der Gischt da tanzte sie
Der Nereiden Elfenschar

Und alles was noch sterblich war
Erkannte die Schönheit
Und sah sich verwandeln

HÄNGENDE GÄRTEN

So greif
Du nun um dich und
Zieh in Gedanken auf Wolken
Dahin die ewig besteh'n
Wenn Engel sie
Tragen

Inhalt

Nicht endlich 7
Wurzeln 8
Augenblick 9
Später Sommer 10
Weidenschwärmer 11
Ansicht 12
Hügel 13
Abend 14
Abend 15
Nachtgesicht 16
Dimension 17
Nacht 18
Nacht 19
Nacht 20
Nacht 21
Vorhut 22
Witterung 23
Wandern 24
Sonnenaufgang 25
Mitleid 26
Anker 27
Weinstock 28
Wissbar 29
Fenster 30
Zeugnis 31
Wassernde Arme 32
Seejungfrau 33
Nacht 34
Nacht 35
Nacht 36
Hände 37
Nacht 38
Zwei in Blau 39
Nacht 40
Nacht 41
Spiel 42
Verhängnis 43
Sicht 44
Splitter 45
Gefährlich 46
Im Garten 47
Brücken an Fluss 48

Vögel im Schilf 49
Reiher 50
Wald 51
Gefehlt 52
Freies Land 53
Schwelende Feuer 54
Reich 55
Schattenspiegel 56
Rätsel 57
Märchenschloss 58
Phosphor 59
Begegnung 60
Paar 61
Flügel 62
Aussicht 63
Tiefland 64
Zugleich 65
Dazwischen 66
Dünen 67
Eindruck 68
Puppe 69
Am Kai 70
Unterschied 71
Nacht 72
Nacht 73
Zugvogel 74
Verlies 75
Vogelscheuche 76
Bitter 77
Aufwind 78
Spätsommer 79
Zweige 80
Stumm 81
Tanz 82
Spaziergang 83
Fund 84
Rosengarten 85
Holz 86
Schwarze Feigen 87
Milan 88
Falkenlicht 89
Trennung 90
Niemandsland 91

Verhüllung 92
Zerfürchtete Zeit 93
Unabsehbar 94
Endlich 95
Ort 96
Unverschlossen 97
Pendant 98
Jahr 99
Wellenreiten 100
Antwort 101
Rennen 102
Spiel 103
Feigenblatt 104
Schlag 105
Schlag 106
Windung 107
Königin der Nacht 108
Dilettant 109
Schwefelhölzchen 110
Weite Felder 111
Verletzt 112
Blau 113
Privileg 114
Anders 115
Subtil 116
Gottes vergessene Kinder 117
Das Still der Gehörlosen 118
Stumm 119
Gebärdensprache 120
Sinnlos 121
Anderswo 122
Masken 123
Herr der Gezeiten 124
Herr der Gezeiten 125
Herr der Gezeiten 126
Herr der Gezeiten 127
Herr der Gezeiten 128
Findling 129
Passionsfrucht 130
Strudel 131
Nereiden 132
Hängende Gärten 133

Weitere Gedichte:

Sonnenuntergang auf blondem Hügel
144 Seiten
ISBN 978-3-89811-044-0
Hardcover ISBN 978-3-7357-7565-8

‚Von Bergen fließen Wasser
Weit über die Ufer
Mit dir hinein in ein
So blaues Umarmen'

Zurück ins Land der Pfirsichblüte
140 Seiten
ISBN 978-3-89811-602-2
Hardcover ISBN 978-3-7357-7749-2

‚Jeder Blick, der auf dir weilte,
Strich wie Lächeln durch dein Haar,
Und als ihr Herz dir fühlbar war,
Dann hört es sich das Eine sagen,
Und fängt an, dich heimzutragen.'

Im Blau der Saphire
152 Seiten
ISBN 978-3-8311-2040-6
Hardcover ISBN 978-3-7357-7459-0

‚Weil Du längst weißt
Dass sie einäugig ist

Lässt Du der Schlange
Den Vorteil der Nacht

Im blutwarmen
Wasser'

Honigfalle
156 Seiten
ISBN 978-3-8334-1260-8
Hardcover ISBN 978-3-7357-7534-4

‚Keiner
Weiß

Ob die Fliege
Am Fänger

Weg
Wollte'

Schmetterlingseffekt
160 Seiten
ISBN 978-3-8334-3109-8
Hardcover ISBN 978-3-7357-7535-1

‚Solltest
Du auf

Schmetterlinge
Hören die

Versehrt
Sind'

Lotgänge
176 Seiten
ISBN 978-3-8334-4677-1
Hardcover ISBN 978-3-7357-7543-6

‚Es
Ist vertan die
Ameisen nach dem
Verdienst zu
Fragen'

Blaualgenblüte
200 Seiten
ISBN 978-3-8334-9242-6
Hardcover ISBN 978-3-7357-7741-6

‚Im
Schimmer
Der Blaualgenblüte
Fallen die Schatten der
Weiden nicht tief ins
Verwunschene
Wasser'

Deichspiele
204 Seiten
ISBN 978-3-8370-0126-6
Hardcover ISBN 978-3-7357-7743-0

‚Wie weit
Kannst du den
Wasserrosen
Folgen'

Der Sprung der Delphine
244 Seiten
ISBN 978-3-8370-9707-8
Hardcover ISBN 978-3-7357-7465-1

‚Noch im Vergessen
Ihn vergessen zu haben
Fehlt dir der Schlüssel
Zu ihrem Geheimnis'

Im Echo der Finken
268 Seiten
ISBN 978-3-8423-5852-2
Hardcover ISBN 978-3-7357-6313-6

‚Glaubst du
Dass es die Liebenden
Nicht sähen falls man sich
Mt ihnen keine Mühe
Mehr gäbe‘

Wasserläufer
416 Seiten
ISBN 978-3-8482-0495-3
Hardcover ISBN 978-3-7357-6238-2

‚Bambus
Folgt ihm noch
Schwanger gegen den
Rat sich windstill
Zu lieben‘

Das Glück des Orangenmädchens
484 Seiten
ISBN 978-3-7357-4191-2
Hardcover ISBN 978-3-7357-6170-5

‚Selbst
Wenn es
Dich bittet
Wirst du
Es tun‘

Kompositionen für Klavier:

Klaviermusik Vol. 1, CD
SKW-86211 (51:29)

(Marius Hoffmann:

1. Clair de lune
2. Nocturne
3. Albumblatt
4. Image
5. Étude-Tableau
6. Wiegenlied
7. Poème
8. Poème
9. Angela
10. Prélude d-moll
11. Vision
12. Nachtstück
13. Poem in fis
14. Poème extatique
15. Poem in e
16. Poème-Nocturne)

Klaviermusik Vol. 2, CD
SKW-86212 (58:02)

(Marius Hoffmann:

1. Dreamings
2. Romanze
3. Poème voilé
4. Poème enchanté
5. Méditation sur le nom de Bach
6. Kaleidoskop
7. Hommage à Scriabine
8. Poème fantasque
9. Valse
10. Poème énigmatique
11. Poème
12. Poème rêvé
13. Poème envolé

14. Enigma
15. Vision noctuelle
16. Boîte à musique
17. Lutin
18. Moustique)

Klaviermusik Vol. 3, CD
SKW-86259 (52:05)

(Alexander Skrjabin: ‚Moments intimes'

1. Poème, op. 32,1
2. Étude, op. 42,4
3. Fragilité, op. 51,1
4. Étude, op. 65,2
5. Poème, op. 69,1
6. Poème, op. 52,1
7. Rêverie, op. 49,3
8. Désir, op. 57,1
9. Poème, op. 59,1
10. Poème fantasque, op. 45,2
11. Caresse dansée, op. 57,2
12. Poème languide, op. 52,3
13. Prélude, op. 48,2
14. Feuillet d'Album, op. 45,1

Marius Hoffmann:

15. Poème mélancolique
16. Étude-Caprice
17. Danse grotesque
18. Impromptu
19. Conte)

Email: Marius.Hoffmann@gmx.de